BEI GRIN MACHT SICH IHR WISSEN BEZAHLT

AF144549

- Wir veröffentlichen Ihre Hausarbeit, Bachelor- und Masterarbeit

- Ihr eigenes eBook und Buch - weltweit in allen wichtigen Shops

- Verdienen Sie an jedem Verkauf

Jetzt bei www.GRIN.com hochladen und kostenlos publizieren

Gerd Berner

Ausführliche Anmerkungen zur uneigentlichen, bildlichen Rede

Eigentlicher und uneigentlicher Sprachgebrauch: Bild, Vergleich, Gleichnis, Parabel

GRIN Verlag

Bibliografische Information der Deutschen Nationalbibliothek:

Die Deutsche Bibliothek verzeichnet diese Publikation in der Deutschen National-
bibliografie; detaillierte bibliografische Daten sind im Internet über http://dnb.d-
nb.de/ abrufbar.

Dieses Werk sowie alle darin enthaltenen einzelnen Beiträge und Abbildungen
sind urheberrechtlich geschützt. Jede Verwertung, die nicht ausdrücklich vom
Urheberrechtsschutz zugelassen ist, bedarf der vorherigen Zustimmung des Verla-
ges. Das gilt insbesondere für Vervielfältigungen, Bearbeitungen, Übersetzungen,
Mikroverfilmungen, Auswertungen durch Datenbanken und für die Einspeicherung
und Verarbeitung in elektronische Systeme. Alle Rechte, auch die des auszugsweisen
Nachdrucks, der fotomechanischen Wiedergabe (einschließlich Mikrokopie) sowie
der Auswertung durch Datenbanken oder ähnliche Einrichtungen, vorbehalten.

Impressum:

Copyright © 2012 GRIN Verlag GmbH
Druck und Bindung: Books on Demand GmbH, Norderstedt Germany
ISBN: 978-3-656-15300-9

Dieses Buch bei GRIN:

http://www.grin.com/de/e-book/189553/ausfuehrliche-anmerkungen-zur-uneigent-
lichen-bildlichen-rede

GRIN - Your knowledge has value

Der GRIN Verlag publiziert seit 1998 wissenschaftliche Arbeiten von Studenten, Hochschullehrern und anderen Akademikern als eBook und gedrucktes Buch. Die Verlagswebsite www.grin.com ist die ideale Plattform zur Veröffentlichung von Hausarbeiten, Abschlussarbeiten, wissenschaftlichen Aufsätzen, Dissertationen und Fachbüchern.

Besuchen Sie uns im Internet:

http://www.grin.com/

http://www.facebook.com/grincom

http://www.twitter.com/grin_com

Ausführliche Anmerkungen zur uneigentlichen, bildlichen Rede
für Oberstufenschüler und Studienanfänger,
zusammengestellt von Gerd Berner, M. A., StD a. D.

„Bild" ist eine sehr ungenaue Bezeichnung für verschiedene Formen bildlicher Ausdrucksweise in Sprachkunstwerken. In den meisten Nachschlagewerken wird diese unter dem Oberbegriff „rhetorische Mittel, Stilfiguren und Tropen" genannt, einige Autoren nennen Bilder auch eine Form uneigentlichen Sprechens. Aber das ist selten genauer erklärt.

Jochen Vogt hat das Problem auf den Punkt gebracht: „Das System der Tropen und Figuren ist ein derart schwer überschaubares Gewirr von Kategorien, dass ich es an dieser Stelle nicht einmal in Umrissen skizzieren kann."[1]

Ähnlich äußert sich Jürgen C. Thöming im Artikel „Bildlichkeit", wenn er sagt, dass „Bezeichnungen als allegorisch und symbolisch in der literarischen Kommentarliteratur oft sehr willkürlich gebraucht werden"[2] und dass die „Abgrenzung [erg.: vieler Bezeichnungen)] nicht übereinstimmend festgelegt ist".[3]

Im Grunde genommen hat schon Wolfgang Kayser in seinem grundlegenden Buch „Das sprachliche Kunstwerk" von 1948, mir in der 18. Auflage 1978 vorliegend, richtig gesagt, Bildhaftigkeit gehe über „die begriffliche Bedeutung" hinaus.[4] Statt ‚Bild' zu sagen, schlägt er dort den t. t. ‚bildhaft' vor. Der Begriff ‚Bedeutung' ist in den folgenden Dezennien je nach theoretischem Ansatz der verschiedenen Forscher und Schulen unterschiedlich definiert und verwendet worden.

Im Alltag gebrauchen wir unsere Sprache auf mehr oder wenig herkömmliche Weise und verwenden dazu die Wörter in einem ihnen „von Hause aus … zukommenden Sinn".[5] Wir treffen nüchterne, sachliche Aussagen und befleißigen uns dabei einer eigentlich kurzen Redeweise. Gewöhnlich fahren wir mit dieser Umgangssprache auch gut. Der Gebrauch eines treffenden Begriffes wird in seiner begrifflichen Bedeutung von allen verstanden.

Wenn ich „Nacht" sage, meine ich damit die Zeitspanne von Sonnenuntergang bis zum nächsten Aufgang. Das ist die „kontext- und situationsunabhängige, konstante begriffliche Grundbedeutung"[6] des umgangssprachlichen Ausdrucks ‚Nacht'. Diese Grundbedeutung nennt man D e n o t a t i o n .

Daneben gibt es aber noch einen „subjektiv variablen, emotiven" Bedeutungszusammenhang, der die Sachverhalte „unheimlich", einsam, romantisch oder regnerisch enthalten kann. Das ist die K o n n o t a t i o n .

Sie meint „individuelle (emotionale) stilistische, regionale u. a. Bedeutungskomponenten eines sprachlichen Ausdrucks, die seine Grundbedeutung überlagern und die – im Unterschied zur konstanten begrifflichen Bedeutung – sich meist genereller, kontextunabhängiger Beschreibung entziehen."[7]

Auf den Punkt gebracht formuliere ich daher, Bildhaftigkeit liegt vor, wenn ich statt der gewöhnlichen, eigentlich verwendeten mich einer Ausdrucksweise bediene, die bewusst von der Sprachgepflogenheit und Sprachrichtigkeit abweicht und daher zu einer außergewöhnlichen und auffallenden, nicht eigentlichen, sondern eben uneigentlichen Formulierung wird.

Die konnotative Umgestaltung eines Wortes verleiht diesem eine assoziative, zusätzliche Bedeutung, die das Wort vereindringlichen[8], beseelen, versinnlichen, veranschaulichen kann.

Willy Sanders hat diese Variation ‚Immutatio' genannt, eine lexikalische, die Bedeutung betreffende Ersatzfigur in Gestalt einer semantischen Abweichung.[9]

1

Ich verwende lieber den Ausdruck ‚S u b s t i t u t i o n' (an die Stelle setzen). Bei Bildhaftigkeit handelt es sich also nicht, wie bei den meisten Stilmitteln, um die grammatisch-syntaktischen Kategorien der Adiectio (Hinzufügung), Detractio (Auslassung) oder Transmutatio (Umstellung), sondern es liegt eine Substitutio, eine E r - s e t z u n g vor.

Vereinfachend könnte ich das bisher Gesagte so gegenüberstellen:

E i g e n t l i c h e r Sprachgebrauch   u n e i g e n t l i c h e r Sprachgebrauch
der übliche,   der unübliche,
der geläufige,   der überraschende,
der gewohnte,   der ungewohnte
der erwartete   der unerwartete
und insofern kunstlose Ausdruck   und insofern kunstvollere Ausdruck,
der zum Denken anregt, der die Vorstellung lenkende Ausdruck und die insofern bildkräftigere, wirksamere, eindrucksvollere Abwandlung durch Ersetzung (Substitution) des eigentlich nüchtern klingenden Wortes .

Wichtig erscheint mir, dass bei der Bildhaftigkeit der allgemeine Begriff durch die bewusste Erzeugung von Konnotationen ein besonderer wird und dass die sprachliche Umgestaltung der eigentlichen in die uneigentliche Rede diese im wörtlichen Sinne be-denk-lich macht, weil sie einen Anstoß zum Nachdenken gibt.

Stilmittel bzw. rhetorische Figuren sind als äußere Mittel des Redestils nicht allzu schwer zu erkennen und in ihrer Funktion im Allgemeinen auch nicht allzu schwer zu beschreiben.

Vor größere Probleme stellt uns die Bestimmung eines anderen Stilmittels, das man als T r o p e bezeichnet. Zu den Tropen zählen die Figuren uneigentlichen Sprechens: „das eigentlich Gemeinte kommt nicht direkt, also etwa durch den Gebrauch des treffenden Begriffs, sondern nur mittelbar, z. B. durch ein Bild zum Ausdruck."[10]

Der Münsteraner Heinrich Lausberg hat in seinem zweibändigen, lange als Standardwerk geltenden „Handbuch der literarischen Rhetorik. Eine Grundlegung der Literaturwissenschaft" von 1960[11] bei den Tropen noch zehn Unterarten unterschieden. Davon ist man abgerückt, heute fragt man mehr nach der inhaltlichen Funktion bildlicher Wendungen und verwendet hauptsächlich die Bezeichnungen Bild, Vergleich, Gleichnis und Metapher. Dabei wird ‚Bild' meist als Oberbegriff verstanden.

Die häufigsten bildhaften Stilmittel habe ich in meiner ausführlichen alphabetischen Auflistung per definitionem und durch Beispiele erklärt. Die Quellenbelege lassen eine erneute Darlegung wenig sinnvoll erscheinen (vgl. mein Vollständiges Kompendium der rhetorischen Mittel (bei GRIN).

Im Folgenden werde ich gleichwohl noch einmal ausführlicher auf einige wenige sprachliche Ausdrucksformen eingehen, in welchen sich bildhafte Sprache zeigt. Dabei beschränke ich mich weitgehend auf Tropen, wo, wie oben dargelegt, der eigentliche Ausdruck durch einen uneigentlichen, im wörtlichen Begriff nicht enthaltenen ersetzt, also substituiert wird.

Es gibt einfache Bilder, die jeder versteht, wie: die Sonne lacht vom blauen Himmel. Wäre der nicht blau, sondern wolkenverhangen, könnte die Sonne nicht lachen, was ja i.e.S. eine Personifikation und damit ein geläufiges Stilmittel ist. Wohl kein Dichter käme auf den Gedanken, ‚die Sonne weint' zu schreiben, das wird dann dem Himmel überlassen. Aber dieser bildhafte Ausdruck ist schon so in den standardsprachlichen (in meinem Kompendium habe ich das Kürzel ugs. gesetzt für umgangssprachlich, ich meinte aber damit die normale Sprache) Gebrauch eingegangen, dass der Wirkungsakzent der Anschaulichkeit außer Frage steht.

Ähnlich ist es mit vielen biblischen Bildern. In Psalm 23, 1-2 heißt es: „Der Herr ist mein Hirte, mir wird nichts mangeln. Er weidet mich auf einer grünen Aue und führet mich zum frischen Wasser."[12] Und in Psalm 46, 8 steht: „Der Herr Zebaoth ist mit uns, der Gott Jakobs ist unsere Burg. ... Schauet die Werke des Herrn, der den Kriegen steuert in aller Welt; der Bogen zerbricht, Spieße zerschlägt und Wagen mit Feuer verbrennet."

Die Gleichsetzung Gottes mit einem guten Hirten, mit einer Burg, an anderer Stelle, Hosea 13, 7, mit einem Löwen, einem Panther und einer Bärin, der man die Jungen geraubt hat, ja sogar mit einem Adler (5. Mose 32, 11: der Herr behütete Jakob wie der Adler, der sein Nest beschützt und über seinen Jungen schwebt, der seine Schwingen ausbreitet und ein Junges ergreift und es flügelschlagend davonträgt) wird allgemein verstanden und lässt keine Deutungsnöte aufkommen.

Auch einfache Vergleiche, das Bild aus dem Deuteronomium, 5. Mose 32 war einer, sind unschwer zu erkennen und zu verstehen.

Z. B. der Vergleich in den Sprüchen Salomonis 17, 1: Es ist ein trockener Bissen, daran man sich genügen lässt, besser denn ein Haus voll Geschlachtetes mit Hader. Oder: Es ist besser zu wohnen im Winkel auf dem Dache, denn mit einem zänkischen Weibe in einem Hause beisammen (Spr. 20, 13) und Jesus Sirach 42, 13: Denn gleich wie aus den Kleidern Motten kommen, also kommt von Weibern viel Böses.

Neben dem lediglich anschaulich darstellenden Bild steht der Vergleich auf einer etwas höheren Ebene der Komplexität. Dabei muss man sich den Unterschied vergegenwärtigen zwischen Gleichheit (Identität) und Gleichstellung, weil zwischen der sprachlichen Darstellung (dem Gesagten) und dem gemeinten Referenten (dem Gemeinten) keine vollständige, sondern nur eine teilweise Identität besteht.

Identifikativ-Artikel ermöglichen dem Leser, „eine Person oder eine Sache durch die Herstellung einer Referenz (Beziehung) zu identifizieren."[13].

Bei vollständiger semantischer Identität verwendet man „derselbe, dieselbe, dasselbe". Bei einer Gleichstellung lediglich der Art, Gattung oder Klasse sagt man „der gleiche, die gleiche, das gleiche". Die logische Grenze zwischen den semantischen Merkmalen Identität und Gleichstellung sieht so aus:
- Übereinstimmung in allen Merkmalen: z. B. Die Inszenierungen von Goethes „Faust" sind häufig sehr unterschiedlich, und trotzdem ist es dasselbe Stück.
- Übereinstimmung in fast allen Merkmalen: z. B. Er besitzt einen Kombi von Mercedes, das gleiche (ähnliche) Modell fahre ich auch, aber den Avant von Audi. Logo ???

Da bei Vergleichen meist Adjektive auftreten, will ich kurz die wesentlichen syntaktischen Kohärenzen aufzeigen, in denen sie begegnen, damit im weiteren Text meine verwendeten Abkürzungen verstanden werden.
a) die attributive Funktion: hier wird einem determinationsbedürftigen Nomen ein Adjektiv attribuiert (hinzugefügt, abgekürzt: Attr Adj). Beispiel: Die blaue Blume der Romantik ist ein häufig auftretendes Motiv der Literatur. „Nur wenn ein Lexem grundsätzlich die attributive Form wahrnehmen und folglich auch flektiert werden kann, soll dieses Lexem Adjektiv genannt werden."[14]

b) die prädikative Funktion: einige Verben mit Subjekt-Valenz (V. = Wertigkeit des Zeitwortes) bedürfen in ihrer prädikativen Funktion einer notwendigen, nicht weglassbaren Ergänzung. Das sind die Verben sein, werden, bleiben, scheinen und, unter bestimmten Kontextbedingungen, auch heißen. Deren Prädikation (Bestimmung eines Begriffs durch ein Prädikat) nennt man Prädikativum (auf das Subjekt bezogener Teil der Satzaussage).

Als Prädikative können auftreten
- Nomina, dann hat das Prädikativ den aus der Schule bekannten Namen Prädikatsnomen (PN), z. B. er ist Grieche, oder: sie will Rechtsanwältin werden.
- Adverbien, dann sagt man prädikatives Adverb, z. B. er bleibt hier, oder: es ist überall.
- Prädikats-Adjunkte, z. B. der seit 1864 herrschende König Ludwig II. war bis zu seinem Tod im Starnberger See selten in München. Richard Wagner war bei ihm oft zu Gast. Ludwig war eher ein Künstler als ein Staatsmann. (1886 wurde er entmündigt, verhaftet und in Schloss Berg eingesperrt – 48 Stunden später war er ertrunken!?)
- Adjektive, dann spricht man von einem prädikativen Adjektiv, z. B. er ist krank, oder: sie wurde gesund.

c) die adverbiale Funktion (Weinrich nennt sie applikativ): in der traditionellen Grammatik zu meiner Schulzeit hieß das Umstandsbestimmung, heute sagt man (das) Adverbial oder (die) adverbiale Bestimmung bzw. adverbiale Ergänzung.

Dabei gilt es zu unterscheiden
- valenznotwendige Adverbiale, z. B. ich wohne in Münster (Ad Präp)
- valenzmögliche (fakultative) Adverbiale, z. B. er läuft, fährt, schwimmt o. ä. schnell (Ad Adj)
- valenzfreie Adverbiale, z. B. Hans weinte, arbeitete, tanzte, faulenzte o. ä. im Garten (Ad Präp).

Adverbiale können gefüllt sein mit
- einem Adverb, z. B. er wohnt hier (Ad Adv)
- einem Adjektiv, z. B. sie singt laut (Ad Adj)
- einem Pronominaladverb, z. B. er kam deshalb (Ad Adv)
- einer Präpositionalphrase, z. B. das Buch liegt auf dem Tisch (Ad Präp)
- einer Nominalphrase im Genitiv, z. B. er erwachte eines Morgens (Ad Gen)
- einer Nominalphrase im Akkusativ, z. B. den ganzen Tag hörte man ihr Gejammer (Ad Akk)
- einem Adverbialsatz, z.B. er kam, weil sie das Buch dringend brauchte, hier also mit einem Kausalsatz.

Diese Einteilung ist nicht ganz stimmig, weil die Unterscheidung zwischen adverbialen Ergänzungen und adverbialen Angaben letztlich nicht haltbar ist, da zwar fast alle Ergänzungen notwendige und nicht weglassbare sind, aber eben nicht alle. Es kommen auch weglassbare vor, z. B. das Objekt bei „schreiben" und insbesondere der sog. „freie" Dativ, den Altsprachlern bekannt als der „Kampf der Tertia" (das war eine metaphorische Allusion) mit dem Dativus commodi und incommodi, dem Dativus ethicus, dem Dativus possessivus und dem Dativus iudicantis.[16]

Uns sollen im Rahmen dieser Darstellung jedoch nur die den Vergleich berührenden Aspekte des Adjektivs interessieren.

Die drei Vergleichsstufen positive, komparative und superlative setze ich als bekannt voraus. Sie sind grundsätzlich frei kombinierbar mit den drei genannten Funktionen des Adjektivs. Vergleiche werden gebildet mit den Vergleichspartikeln, die wichtigsten Komparativ-Junktoren[17] sind: „wie" und „als" sowie seltener „je – desto".

Stufe				Komparativ-Junktor (Vergleichspartikel)	
positive	er	ist	so groß	wie	ich
komparative	er	ist	größer	als	ich
superlative	er	ist	der größte	von	uns
	Primum comparationis				Secundum comparationis

Das Primum comparationis ist das eine, das mit einem anderen, dem Secundum comparationis, durch eine Vergleichspartikel (Weinrich sagt Komparativ-Junktor) verglichen wird. Das Verglichene, d. h. das Gleichende oder Nichtgleichende, nennt man Tertium comparationis. Neben den von Weinrich genannten Vergleichs-Junktoren gibt es noch die Abbildungsfunktoren „als ob", „gleichsam", „sozusagen", „ähneln", „gleichen" u. a., die für Vergleich und Gleichnis gelten.

Bei einem Vergleich ist das Tertium comparationis immer „ein nicht ausgesprochenes Drittes des zweigliedrigen Vergleichs", das „sich auf eine partielle Übereinstimmung in den Bedeutungsinhalten der beiden Glieder" bezieht. „Das Tertium comparationis ist nicht ein Wort, sondern der Inhalt eines unabschließbaren Vorstellungsprozesses."[18]

Ich will das an zwei literarischen Beispielen erläutern (Ps. 1, 1-3 und 4):

vergleichbar der Sachhälfte	Prädikatskern	Komparativ-Junktor	Bildhälfte
Wohl dem, der nicht wandelt im Rat der Gottlosen, noch tritt auf den Weg der Sünder; noch sitzet, da die Spötter sitzen; sondern hat Lust zum Gesetz des Herrn und redet von seinem Gesetz Tag und Nacht. Der	ist	wie	ein Baum, gepflanzet an den Wasserbächen, der seine Frucht bringt zu seiner Zeit, und seine Blätter verwelken nicht.
Primum comparationis: Das in fünf Bildern (AttrRel) - keine Gemeinschaft mit Gottlosen - keine Gemeinsamkeit mit Sündern - Abwendung von Spöttern - Nachsinnen über Gottes Gesetze veranschaulichte Leben der Gottesfürchtigen			Secundum comparationis: Naturbild eines bewässerten, in kräftigem Grün stehenden u. Früchte tragenden Baumes
aber so sind die Gottlosen nicht, sondern sie	sind	wie	Spreu, die der Wind verstreuet.

Das Tertium comparationis liegt im ersten Beispiel (Ps.1, 1–3) in dem sinnerfüllten, glücklichen Leben, im zweiten Beispiel (Ps. 1, 4) in der nutz- und sinnlosen

Existenz des Abfallproduktes Spreu. Wenn man beide Tertia comparationis zusammen sieht, erfüllen die Vergleiche auch eine didaktische Funktion: sie zeigen anhand der Vergleiche die Glückseligkeit der Frommen und die Strafe der Gottlosen.

Dichterische Vergleiche können auch ohne Vergleichspartikel auskommen. Eduard Mörikes „Jägerlied" beginnt so:

> Zierlich ist des Vogels Tritt im Schnee,
> Wenn er wandelt auf des Berges Höh':
> Zierlicher schreibt Liebchens liebe Hand,
> Schreibt ein Brieflein mir in fremde Land. [19]

Der Inhalt der Zeilen ist fast banal: die Schrift eines Mädchens wird verglichen mit dem Tritt eines Vogels im unberührten Schnee. Das nominale Diminutivum (Z. 3) und das attribuierte Adjektiv sind emotional positiv konnotiert, man kann – das zeitgebundene „Liebchen" müssten wir heute durch „die von mir geliebte Frau" ersetzen – in dem Subjekt fast eine Melioration (vgl. mein vollständiges Kompendium der rhetorischen Mittel, Stilfiguren und Tropen) sehen, die eine Adoration, Verehrung und Huldigung beinhaltet.

Man sieht, wie der Vergleich hier durch ein Bild die Gefühle des lyrischen Ichs verdeutlicht.

Manche Vergleiche dienen nicht nur der Veranschaulichung von Eigenschaften oder Vorgängen, sondern sind im wahrsten Sinne des Wortes „bedenklich": sie eröffnen neue Dimensionen der Aussage und erschließen sich erst der nachdenkenden Deutung.

Ich will das an einem Text aus Rilkes „Neuen Gedichten" zeigen. „Orpheus. Eurydike. Hermes" ist Anfang des Jahres 1904 in Rom entstanden und hat seine endgültige Fassung im Spätherbst in Schweden erhalten.[21] Die Überschrift nennt die Orpheus-Thematik, deren Umkreis Rilke später in den 55 Sonetten an Orpheus ausgeschritten hat; darauf soll aber hier nicht eingegangen werden.

Das elfstrophige und aus zwei gesondert gesetzten Zeilen (Z. 15 und Z. 82) bestehende Gedicht mit unterschiedlicher Strophenlänge geht den Weg nach, den Orpheus zurücklegen muss, nachdem er mit seinem Gesang die Göttin der Unterwelt, Persephone, bewogen hat, seine an einem Schlangenbiss gestorbene Gattin Eurydike aus dem Schattenreich zu entlassen. Allerdings darf er sich auf diesem mit ihr und dem Götterboten Hermes beschrittenen Weg aus dem Orkus nach oben nicht nach Eurydike umschauen. Rilke nennt in seinem Gedicht die Namen dieser drei Personen nicht, man kann sie nur an der Umschreibung ihres Handelns oder dessen Unterlassung erkennen. Ich gehe im Folgenden nur auf die Vergleiche ein, deren Verständnis nicht immer begreifbar ist.

> 1 Das war der Seelen wunderliches Bergwerk.
> Wie stille Silbererze gingen sie
> als Adern durch sein Dunkel. Zwischen Wurzeln
> entsprang das Blut, das fortgeht zu den Menschen,
> 5 und schwer wie Porphyr sah es aus im Dunkel.
> Sonst war nichts Rotes.
>
> Felsen waren da
> und wesenlose Wälder, Brücken über Leeres
> und jener große blinde graue Teich,

10 der über seinem fernen Grunde hing
wie Regenhimmel über einer Landschaft.
Und zwischen Wiesen, sanft und voller Langmut,
erschien des einen Weges blasser Streifen,
wie eine lange Bleiche hingelegt.

15 Und dieses einen Weges kamen sie. ...

Schon Zeile 2 und 3 erfordert Nachdenken. Das Subjekt „sie" könnte sich grammatisch auf das vorangehende „Seelen" beziehen. Dann gingen die Seelen der Verstorbenen „wie stille Silbererze/ ... als Adern durch" ein dunkles „wunderliches Bergwerk" (Z. 1). Dieses Berginnere bleibt sehr unklar, es gibt da „Wurzeln" (Z. 3), aus denen „Blut, das fortgeht zu den Menschen" (Z. 4), hervortritt. Der dem „Blut" attribuierte Relativsatz lässt auf einen Weg in die menschliche Oberwelt schließen. Das „Blut" selbst als einzig „Rotes" (Z. 6) dort sieht „schwer wie Porphyr" (Z. 5) aus. Das griechische Adjektiv porphýreos heißt purpurfarbig. Wenn das so gefärbte vulkanische Gestein „schwer" gesehen wird, liegt eine Synästhesie vor. „Im Dunkel" (Z. 5) ist auch die Herkunft des Blutes: niemand blutet!

„Felsen ... / und wesenlose Wälder" (Z. 7, 8) sowie „Brücken über Leeres" (Z. 8) konturieren ein nur mit hintergründigen Assoziationen (Konnotationen) Vorstellbares, das auch der „große blinde graue Teich,/ der über seinem fernen Grunde hing/ wie Regenhimmel über einer Landschaft" (Z. 9-11) nicht klarer werden lässt. Jedenfalls verstärkt dieser Vergleich in Z. 11 den Eindruck des Bedrückenden, der zweimal genannten Dunkelheit und des auf etwas Lastenden.

Im Gegensatz dazu erscheint „des einen Weges blasser Streifen" (Z. 13), der zwar durch sein Aussehen „wie eine lange Bleiche" (Z. 14) an die dem Orkus beheimateten weißen Asphodeloswiesen gemahnt, aber er verläuft „zwischen Wiesen, sanft und voller Langmut" (Z. 12). Das natürliche Grün der Wiesen, ergänzt durch die Synästhesie der weiblichen Milde und verstärkt durch die Onomatopoesie des stimmhaften s und der Langvokale i, u, e und des Diphthongs, hebt die Stimmung.

Die strophig nicht eingebundene Zeile 15 „Und dieses einen Weges kamen sie" bestätigt onomatopoetisch meine Sicht und greift das Personalpronomen „sie" aus Z. 2 auf. Es meint den vorangehenden „Mann im blauen Mantel" (Z. 16), den „Gott des Ganges und der weiten Botschaft" (Z. 42) und „sie/ Die So-geliebte" (Z. 47), „Diese So-geliebte" (Z. 56), die „zwei/ die furchtbar leise gingen" (Z. 37) und „die beiden Leisen, die ihm schweigend nachgehn" (Z. 41).

Unterstellt man eine Identität der beiden Subjekte „sie", dann meinte das Genitivattribut „der Seelen" in Z. 1 nicht die der schattenlosen, von dem Seelenfährmann Charon in seinem Nachen über den Styx Geführten, was zumindest auf Hermes nicht und wohl auch kaum auf Orpheus zutrifft, sondern es wären nur die drei im Titel Genannten. Diese Unterscheidung soll nicht verfolgt werden, das zweite „sie" in Z. 15 hat jedenfalls auch einen demonstrativen Sinn, der auf Orpheus verweist, dessen „Hände" „nicht mehr von der leichten Leier,/ die in die Linke eingewachsen war/ wie Rosenranken in den Ast des Ölbaums," (Z. 22, 23) wussten. Es meint aber auch den Gott, „den schlanken Stab hertragend vor dem Leibe/ und flügelschlagend an den Fußgelenken" und „seiner linken Hand gegeben:/ sie" (Z. 44 und 46).

Die gesamte fünfte Strophe, zehn Zeilen lang, ist eingefasst von der Eurydike umschreibenden Formulierung „die (-se) So-geliebte" (Z. 47 und 56), dazwischen stehen Zeilen, die in einem dreigliedrigen Konsekutivsatz die Besonderheit des orpheischen Klagegesanges um Eurydike hervorheben. Was dann folgt, beinhaltet in acht Zeilen die Reaktionen des Hermes und des Orpheus nach dessen verhängnisvollem Umblicken („er hat sich umgewendet" (Z. 85). Der Rest mit ungefähr

7

dreißig Zeilen erklärt die Innenwelt und die Bestimmung jemandes, der „nicht"
„dachte ... des Mannes, der voranging,/ und nicht des Weges, der ins Leben
aufstieg" (Z. 61, 62).
Rilke verändert den Mythos. Das kündigt sich bereits in Z. 46 an, sie ist „seiner
linken Hand gegeben", und das wird durch die adversative Konjunktion verstärkt: „sie
aber ging an jenes Gottes Hand" (Z. 57). Geht sie wie jemand, der darauf brennt, in
die Oberwelt zurückzugelangen, ungeduldig den Gott mit sich ziehend, damit sie
ihren Ehemann in die Arme schließen kann???
Nein, zwar geht sie „unsicher" und „sanft und voller Ungeduld" (Z. 59). Die
Repetitio der Zeilen 59 und 96 fällt ins Auge. In Analogie zu Z. 12, „sanft und voller
Langmut" (fast eine Tautologie), verlässt sie nicht „des einen Weges" blassen
„Streifen" (Z. 13). Sie „war in sich" ruhend, wie der folgende Vergleich zeigt, „wie
Eine hoher Hoffnung" (Z. 60), ihr Denken kreist nicht um den Mann Orpheus und den
Weg zu ihm (Z. 61, 62), sondern sie ist von ihrem neuen So-Sein als Gestorbene so
„erfüllt", dass sie ihr durch die Schlange bewirktes irdisches Vergehen als „großen"
Tod begreifen kann.
Wie „eine Frucht von Süßigkeit und Dunkel" (Z. 65) hat sie in ihrem Tod eine Er –
„neu" – erung (Z. 67) gefunden.
Sie kam „dieses einen Weges" (Z. 15), sie beschreitet nicht den Weg, „der ins
Leben" (Z. 62) aufsteigt, sondern bleibt auf ihrem eigenen, und noch bevor „der Gott
der Botschaft/ sich schweigend" (Z. 62, 63) ganz umgewandt hat, hat sie „schon"
„dieses selben Weges" zu gehen begonnen. Sie hat eine neue Existenz gefunden „in
einem neuen Mädchentum/ und unberührbar" (Z. 68, 69). Sie ist der Geschlecht-
lichkeit enthoben „wie eine junge Blume gegen Abend" (Z. 70), ihr Wesen ist dem
Wiederbegegnen mit dem, „dessen Angesicht/ nicht zu erkennen war" (Z. 89, 90), so
abhold, dass sogar die „unendlich leise, leitende Berührung/ selbst des leichten
Gottes" (Z. 72, 73) sie wie eine zu große „Vertraulichkeit" „kränkte" (Z. 74).
Sie war, die dreifache Wiederholung betont das, „nicht mehr" die blonde Frau des
Sängers, seine Bettgefährtin, und auch „des Mannes Eigentum nicht mehr" (Z. 78).
Rilke sagt nicht ,dieses', sondern, um die Distanz zu zeigen, „jenes", der „fern stand"
(Z. 87 und 88).
Eurydikes neue Wesenheit wird dann Z. 79 ff. durch drei Vergleiche verdeutlicht,
die sich wohl nicht auf den ersten Blick dem Verständnis erschließen: ihr neues Sein
ist „wie langes Haar", das, „aufgelöst", erst jetzt zur vollen Entfaltung seiner Schönheit kommt. Die Partizipien Perf. Pass. korrespondieren vielleicht mit dem Umstand,
dass Rilke zweimal sagt, dass „sie nichts begriff" (Unterbewusstsein?), zeigen aber
auch etwas Weihevolles im Vergleich „wie gefallener Regen" und ein Segensreiches
in dem hyperbolischen Vergleich „wie hundertfacher Vorrat" (Z. 80, 81). Überdies legt
das Zustandspassiv „hingegeben" mit dem reflexiven Sinn ,sich hingeben' eine
Freiwilligkeit nahe, die auch durch die in Z. 59 und 95 auffallende Wiederholung des
lautmalerischen „sanft und ohne Ungeduld" verstärkt wird.
Eurydike scheint nicht enttäuscht, der einzige, der expressis verbis „mit Schmerz
im Ausruf" (Z. 84) und „mit trauervollem Blick" (Z. 91) sich zeigt, ist Hermes.

Die Zeile 82 steht für sich: „Sie war schon Wurzel."

Ich will die schwierigen Vergleiche bei Rilke noch an einem weiteren Beispiel
erläutern.
„Bei einem Abendgang in stiller, weicher, dunkelnder Luft, Dahlemer Straße, am
24. Februar" 1900 entstanden und mit dem doppelsinnigen Titel „Eingang" versehen,
leitet ein Gedicht das „Buch der Bilder" ein:

Wer du auch seist: am Abend tritt hinaus
Aus deiner Stube, drin du alles weißt;
Als letztes vor der Ferne liegt dein Haus:
Wer du auch seist.
5 Mit deinen Augen, welche müde kaum
Von der verbrauchten Schwelle sich befrein,
hebst du ganz langsam einen schwarzen Baum
und stellst ihn vor den Himmel: schlank, allein.
Und hast die Welt gemacht. Und sie ist groß
10 und wie ein Wort, das noch im Schweigen reift.
Und wie dein Wille ihren Sinn begreift,
lassen sie deine Augen zärtlich los …

Die dem Text zugrunde liegende Handlung ist eine alltägliche: das abendliche Verlassen des Hauses, zu dem ein lyrisches „Wer du auch seist" – ob als Selbstgespräch aufgefasst oder an eine dritte Person gerichtet, spielt keine Rolle – aufgefordert wird (Z. 1–4). Mit den „Augen", die „kaum/ von der verbrauchten Schwelle sich befrein" (Z. 6), geschieht aber dann etwas Irreales in der Realität des Indikativs: sie heben „einen schwarzen Baum/ und [stellen] ihn vor den Himmel" (Z. 7 und 8).

Das anschauende Sehen hebt den in der Erde fest verwurzelten Baum konkret hoch, vor den Abendhimmel. Die große Unendlichkeit des Himmels mit seinen Gestirnen erscheint dem Du leer, da ist im Gegenlicht nur der schwarze Baum. Ist diese Sehweise schon bedenklich, so erklärt sie vielleicht der bedeutsame Nachsatz „Und hast die Welt gemacht." (Z. 9): in solchem Anschauen der Dinge liegt für Rilke eine schöpferische Tätigkeit. Der Vergleich „und wie ein Wort, das noch im Schweigen reift" (Z. 10) deutet wohl das noch wachsende Verhältnis des Dichters zu der dinglichen Welt der Erscheinungen an.

Diese künstlerische Seh-Aufgabe begegnet auch in dem Gedicht „Wendung" vom Sommer 1914:

1 Lange errang er's im Anschaun.
2 Sterne brachen ins Knie
3 unter dem ringenden Anblick. …

8 Türme schaute er so
9 dass sie erschraken:
10 wieder sie bauend, hinan, plötzlich, in Einem! [23]

Ich habe diese Zeilen nicht ausgewählt wegen der beiden sprachgewaltigen Anthropomorphisierungen der „Sterne" und „Türme", sondern um zum besseren Verständnis Rilkescher Vergleiche einen weiteren Hinweis darauf zu geben, dass dieser Dichter erst durch ein Schauen der Welt „Sinn" (Z. 11) begreift. Dennoch bleiben viele seiner Vergleiche schwer verständlich, ebenso wie der Spruch, der seinen felsenen Grabstein in Raron/ Wallis ziert:

Rose, o reiner Widerspruch, Lust
Niemandes Schlaf zu sein unter soviel
Lidern. [24]

Ich will den Abschnitt ‚Vergleich' abschließen mit einem überschriftlosen Gedicht, dem ersten aus dem Zyklus „Der Rückzug" von Peter Huchel (1903–1981). Huchel war von 1948 bis 1962 Chefredakteur der renommierten Zeitschrift „Sinn und Form", erhielt 1951 den Nationalpreis der DDR, 1963 den Westberliner Fontane-Preis, er durfte 1971 die DDR verlassen und schrieb danach überwiegend Lyrik; seine bekanntesten Bände sind: Chausseen, Chausseen (1963), Die Sternenreuse (1967), Gezählte Tage (1972) und Die Neunte Stunde (1977).

Ich sah des Krieges Ruhm.
Als wärs des Todes Säbelkorb,
durchklirrt von Schnee, am Straßenrand
lag eines Pferds Gerippe.
Nur eine Krähe scharrte dort im Schnee nach Aas,
wo Wind die Knochen nagte, Rost das Eisen fraß.[25]

Das einstrophige Gedicht mit vier reimlosen und den beiden letzten Zeilen im Paarreim, wobei Z. 2, 3 vierhebig, Z. 5, 6 sechshebig und Z. 1 und 4 dreihebig sind, besteht aus drei Aussagesätzen (Z. 1, Z. 2–4 und Z. 5 und 6). Im ersten, dreijambigen mit männlicher Kadenz nennt ein lyrisches Subjekt das Thema. Was das Ich als „Ruhm" des Krieges durchschaut, nämlich Tod und Vernichtung, wird durch einen dreizeiligen Vergleich bildhaft veranschaulicht.

„Eines Pferds Gerippe" (Z. 4, Subjekt) liegt „am Straßenrand" (Z. 3, Ad Präp). Es sieht aus, als ob es „des Todes Säbelkorb" (Z. 2, Prädikatsnomen) wäre. Ein Säbelkorb ist der korbartige Handschutz an einem Fechtsäbel. Beim ersten Lesen wird das Prädikatsnomen der Z. 2 vielleicht auf Z. 1 bezogen, dann erst wird der Bezug zu „Gerippe" (Z. 4) klar: das Gerippe des verendeten Pferdes ähnelt dem Säbelkorb, als wenn der Tod mittels einer mit einem solchen Handschutz versehenen Klinge alles Lebendige im Krieg niedergesäbelt hätte. In dem evozierten Bild schwingt eine Vorstellung von der überdimensionalen Größe und der vernichtenden Kraft des Todes konnotativ mit. Der Rest der Z. 3 besteht aus einem invertierten Partizip als Attribut: „durchklirrt von Schnee" und einem präpositionalen Ausdruck als Adverbial   (Ad Präp): „am Straßenrand". Von „des Krieges Ruhm" aus Z. 1 bleibt abseits des Fahr- oder Gehweges nur „Aas" übrig. Das adverbial gebrauchte Adverb (Ad Adv) „dort" (Z. 5) wird in Z. 6 durch die zwei Personifikationen des nagenden Windes und das das „Eisen" zerfressenden Rostes lokal bestimmt, wobei die Assonanz des langen Vokals a in „Aas", „nagte" und „fraß" sowie die beiden männlichen Kadenzen der beiden letzten Zeilen die intendierte Aussage des lyrischen Ichs noch einmal bekräftigen, dass der Krieg letztlich nur Verderben hinterlässt.

Mit Gleichnis bezeichnet man „die am breitesten ausgebaute Form des Vergleichs in dichterischer Sprache, bei dem ein Vorgang, aber auch eine Vorstellung oder ein Zustand durch einen entsprechenden Sachverhalt aus einem anderen, sinnlich konkreten, oft der Alltagswirklichkeit oder dem Vorstellungsvermögen der Leser nahe stehenden Bereich veranschaulicht wird."[26]
Durch die erzählerische Kontinuation (Fortsetzung) eines Vergleichs entsteht also ein Gleichnis, oder kürzer: ein Gleichnis ist eine narrative Kurzform, bestehend aus einer durch eine Vergleichspartikel aufeinander bezogenen Bild- und einer Sachhälfte.
Die Bildhälfte besitzt meist eine breite Ausgestaltung und eine gewisse Selbständigkeit des bildlichen Bereiches. Die einander entsprechenden Züge der beiden Sphären konzentrieren sich in einem einzigen, für die Aussage wesentlichen Vergleichselement, dem Tertium comparationis, in dem die beiden Seiten sich berühren.
Ähnlich wie beim Vergleich kann man die Gleichnisstruktur graphisch darstellen:

Sachhälfte		Bildhälfte
der zu veranschaulichende Sachverhalt	Komparativ-Junktor, auch Abbildungsfunktor genannt	das zur Veranschaulichung dienende, erzählte Bild
das Gemeinte		das Gesagte
einige Belegstellen:		
Mt. 13, 31 – 32: Gleichnis: Das Himmelreich ist	gleich	einem Senfkorn, das … …
Mt. 13, 33 : Gleichnis Das Himmelreich ist	gleich	einem Sauerteig, den … …
Mt. 13, 44 : Gleichnis Das Himmelreich ist	gleich	einem im Acker verborgenen Schatz, den … …
Mt. 13, 45 : Gleichnis Das Himmelreich ist	gleich	e. Kaufmann, der e. kostbare Perle gefunden hatte … …
andere Belegstellen:	Mt. 13, 45: Gleichnis vom Fischnetz Mk. 4, 26 ff. Aufwachsen der Saat	Mt. 7, 24 - 27: Gleichnis vom Haus auf dem Felsen
	Lk.,13,18 Gleichnis vom Senfkorn Mk.12 ff. die bösen Weingärtner	Mt. 18, 12 ff. Gleichnis vom verlorenen Schaf

Ich will diesen einfachen biblischen Beispielen noch zwei homerische anfügen. Das erste findet sich im 6. Gesang der Odyssee, als Odysseus nach der geglückten Flucht von der ogygischen Insel „an Hyperiens breitem Gefilde" angestrandet ist und von der Tochter des Phaiakenkönigs Alkinoos gefunden wird. Nachdem er sich gewaschen hat,

229   Da verwandelte ihn Zeus' hohe Tochter Athene
230   Stolzer und voller an Wuchs und goss die Fülle der Locken
231   Ihm vom Scheitel herab wie der Lilien wellige Blüten.
232   Wie ein kundiger Mann das Silber mit goldenen Säumen
233   Rings umgießt, wenn Hephaistos und Pallas Athene ihn lehrten,
234   Schöne, gefällige Werke mit mancherlei Kunst zu vollenden,
235   So umgoss mit Glanz ihm Haupt und Schultern Athene.
236   Und er ging zum Meere hinab und setzte sich nieder,
237   Strahlend in Schönheit und Reiz. Nausikaa sah es mit Staunen.[27]

In Zeile 231 findet sich ein Vergleich, der die von Athene angezauberte Lockenform verdeutlicht (im griechischen Text steht Hyazinthe statt Lilien).

Die Zeilen 232 – 235 sind ein Gleichnis, das die Verwandlung des Odysseus in einen Strahlemann so perfekt erscheinen lässt, dass Nausikaa in ihm kaum den Schiffbrüchigen wiedererkennt:

242   Schien er mir doch zuerst ganz unbedeutend und hässlich,
243   Nun aber gleicht er den Göttern, die weit den Himmel bewohnen.

Das Tertium comparationis liegt im guten Aussehen, hier könnte man sagen: in der männlichen Ausstrahlung, der augenscheinlichen Attraktivität des Odysseus, denn Nausikaa setzt geblendet hinzu:

244   Würde doch solch ein Gemahl mir bei den Unsern beschieden,
245   Und es würde dem Manne bei uns zu bleiben behagen. … …

11

Ein anderes Gleichnis findet sich im 9. Gesang, hier erzählt Odysseus dem Alkinoos, welche Abenteuer ihm seit dem Fall Trojas widerfahren und besonders im „Land der ruchlos wilden Kyklopen" begegnet sind. Die Geschichte von der Blendung Polyphems ist bekannt, ich kann sie auf den Vorgang der Pfählung beschränken. „Und sie", das sind des Odysseus Helfer, der Rest der Zwölf, die der Riese noch nicht gefressen hatte,

382	Und sie ergriffen den Ölbaumpfahl und trieben die Spitze
383	Dem Kyklopen ins Auge; ich aber drückte und drehte
384	Droben, wie wenn ein Mann mit seinem Bohrer des Schiffes
385	Balken durchbohrt, und unten, da drehen die Freunde mit Riemen,
386	Ziehend rechts und links, so läuft der Bohrer beständig:
387	Also drehten wir den glühenden Pfahl in des Riesen
388	Auge, und heißes Blut umquoll ihn, während er eindrang.
389	Alle die Wimpern ringsum und die Brauen versengte die Lohe
390	An dem brennenden Stern, es zischten die Wurzeln im Feuer.[28]

Das Tertium comparationis liegt, wie ersichtlich, in der Drehzahl, die vormals durch das Hinundherziehen von Riemen erreicht wurde, und in dem auf den Bohrer ausgeübten Druck. Im übrigen ist der brennende Stern auch eine schöne Metapher (vgl. meine ausführlichen Erläuterungen zur Metapher (bei GRIN).

Das Verhältnis der elementaren Bildaussagen zu den komplizierteren ist manchmal schwieriger, als man glauben möchte. Das fängt schon bei der Bezeichnung an.

Schlägt man im Schülerduden unter Fabel nach, so erfährt man: „Gattungsbezeichnung einer epischen Kurzform … mit lehrhafter Tendenz, in der zumeist Tiere (aber auch Pflanzen usw.) menschliche Eigenschaften und Verhaltensweisen verkörpern." Sie ziele „auf eine religiöse, moralische oder praktische Belehrung oder Kritik."[29]

Die Teilung der Beute

Ein Löwe, Fuchs und Esel jagten miteinander und fingen einen Hirsch.
Da hieß der Löwe den Esel das Wildbret teilen. Der Esel machte drei
Teile. Da ward der Löwe zornig und riss dem Esel die Haut über den
Kopf, dass er blutrünstig (i. e. ganz blutig) da stand und hieß den
Fuchs das Wildbret teilen. Der Fuchs stieß die drei Teile zusammen
und gab sie dem Löwen ganz. Da lachte der Löwe und sprach: Wer
hat dich so teilen gelehrt? Der Fuchs zeigte auf den Esel und sprach:
Der Doktor da im roten Barett.

Diese Fabel Luthers ist 1530 auf der Veste Coburg entstanden, wo der Reformator sich während der durch die Reichsacht erzwungenen Abwesenheit vom Augsburger Reichstag aufhielt. Luther arbeitete an den Psalmen, den Propheten und eben auch an einer Neuformulierung der äsopischen Fabeln.

Der Verfasser hat diese Fabel mit einem Nachsatz versehen:

Diese Fabel lehret zwei Stücke: Das erste: Herren wollen Vorteil haben,
und man soll mit Herren nicht Kirschen essen, sie werfen einen mit den
Stielen. Das zweite: Glücklich ist, wen fremde Gefahr vorsichtig macht.
Das ist ein weiser Mann, der sich an eines anderen Unfall bessern kann.[30]

Mit einer solchen Lehre hat Luther alle dreizehn neu geschriebenen Fabeln Äsops versehen.

Ich brauche diese Fabel nicht weiter zu erläutern, sie ist bekannt und von ihrer Bildhaftigkeit her klar.

Der Schülerduden fügt der oben genannten Erklärung jedoch hinzu, dass, wenn die allgemein gültige „Zweckausrichtung" fehle oder wenn „nur durch die beigegebene Belehrung zu durchschauende Verhältnisse dargestellt werden, die Fabel [sich] der Allegorie, der Parabel, dem Gleichnis oder auch der Satire annähern" könne.[31]

Letzteres scheint mir vorzuliegen bei Jothams Fabel (Richter 9, 7-15), in der Einheitsübersetzung Fabel vom König der Bäume genannt.[32]

Der Text ist nur verständlich im Kontext des Richterbuches. Gideon, einer der dort beschriebenen Führer Israels zur Zeit der Landnahme um 1100 v. Chr., hat die ihm angetragene Krone im Hinblick auf Gottes Königtum abgelehnt. Nach seinem Tode lässt sich Abimelech, ein Sohn Gideons mit einer Sklavin, zum König ausrufen, nachdem er zuvor seine 70 Brüder ermordet hat. Lediglich Jotham kann fliehen, und auf dem Berg Garizim verkündet er den Bewohnern der Stadt Sichem diese „Fabel".

Die Pattloch-Bibel erläutert, dieses sei ein politischer Text, der unterstreiche, dass jemand das Königtum in Israel nicht ohne den Willen Gottes erlangen könne.[33]

In der Tat will Jotham, der überlebende Sohn Jerubbaals [i. e. Gideons], mit seiner bildhaften Erzählung auf die Unwürdigkeit des von seinen Stammesgenossen zum König ausgerufenen Abimelech hinweisen. Aber er deutet seine Rede nicht, sondern fügt einen prophezeienden Wunsch an: da die Bürger von Sichem durch Abimelechs Wahl sich an Gideons Stamm der Untreue und Unredlichkeit schuldig gemacht hätten, möge (Optativ!) Feuer von Abimelech die Bürger von Sichem verzehren und umgekehrt. „Darnach entwich Jotham und flüchtete sich vor seinem Bruder Abimelech nach Beer und ließ sich dort nieder. (Richter 9, 21)

Damit ist gezeigt, nicht alles, was Fabel genannt wird, ist auch eine; gehen wir also zu einem Text über, der in der Bibel Strafrede genannt wird, er findet sich im 2. Buch Samuel, 12. Kapitel, Vers 1-4:

> 1 Und der Herr sandte den Propheten Nathan zu David. Als der bei ihm eintrat, sprach er zu ihm: Es waren zwei Männer in derselben Stadt, der eine reich, der andre arm. 2 Der Reiche hatte sehr viele Schafe und Rinder; 3 aber der Arme hatte nichts als ein einziges kleines Schäflein, das er sich gekauft hatte, und er zog es auf, und es ward bei ihm zugleich mit seinen Kindern groß. Es aß von seinem Bissen und trank aus seinem Becher und schlief an seinem Busen, und er hielt es wie ein Kind. 4 Da kam einst zu dem reichen Mann ein Gast. Weil es ihn nun reute, von seinen Schafen oder Rindern eins zu nehmen, um es dem Wanderer herzurichten, der zu ihm gekommen war, nahm er das Lamm des armen Mannes und richtete es dem Manne zu, der zu ihm gekommen war.[34]

Vorangegangen ist der Ehebruch Davids mit Bathseba, der Frau des Hethiters Uria, den David dann bei der Belagerung der ammonitischen Stadt Rabba in den sicheren Tod geschickt hat.

Danach geht einer der am Hofe Davids lebenden Propheten, eben dieser Nathan, der bereits vorher dem Hause des Königs dauernden Bestand verheißen hatte (2. Samuel 7, 12), zu seinem König und erzählt ihm diese Geschichte. Sie beinhaltet zweifellos ein Ärgernis: ein Reicher vergreift sich am Besitz eines Bettelarmen. So sieht es auch David, der erzürnt feststellt, ob dieses geraubten Lammes sei der Reiche des Todes schuldig.

Der Text ist keine Fabel, da ohne Lehre, er ist auch kein Gleichnis, da ein Komparativ-Junktor fehlt.

Das von Nathan erzählend dargestellte Bild deckt sich nur in dem einen Punkt mit dem gemeinten Verhalten des Königs David, dass beide Protagonisten (der Reiche und der König) ihre Macht missbraucht und damit einem Schwächeren das Unrecht zugefügt haben, jenem etwas zu rauben, was sie selbst im Überfluss besitzen.

Eine ähnlich strukturierte Erzählung findet sich im Lukasevangelium (Lukas 15, 11–32), sie heißt Gleichnis vom verlorenen Sohn. Ich brauche es nicht zu rekapitulieren, jeder kennt es, und die meisten werden auch den Ärger des älteren Sohnes nachempfunden haben, der es nicht richtig findet, dass sein Vater für den nichtsnutzigen Jüngeren , der sein Erbe verprasst hat, ein gemästetes Kalb schlachtet.

Auch hier handelt es sich nicht um ein Gleichnis, sondern die Texte bei Samuel und Lukas sind Parabeln.

Was sind Parabeln, und woran erkennt man sie? Diese Frage beantworte ich in meinen ausführlichen Erläuterungen zur Parabel (bei GRIN), in die ich einige Tafelbilder aus meinen Leistungskursen eingefügt habe.

Wie reimte Matthias Claudius doch treffend:

Parabeln sind wohl fein und schön,
Doch muss sie einer auch verstehn.[35]

Anmerkungen

1) Jochen Vogt, Einladung zur Literaturwissenschaft, Fink: München 1999, S. 71
2) Grundzüge der Literatur- und Sprachwissenschaft. Band 1: Literaturwissenschaft, hg. v. Heinz Ludwig Arnold und Volker Sinemus, dtv: München 1978, S. 192
3) a. a. O., S. 194
4) Wolfgang Kayser, Das sprachliche Kunstwerk. Eine Einführung in die Literaturwissenschaft, Francke: Bern und München [18]1978, S. 119 ff.
5) Hadumod Bussmann, Lexikon der Sprachwissenschaft, Kröner: Stuttgart [2]1990, S. 123 f.
6) Kayser, S. 123
7) Bussmann, S. 166
8) Bussmann, S. 410
9) Willy Sanders, Das neue Stilwörterbuch. Stilistische Grundbegriffe für die Praxis, Wissenschaftliche Buchgesellschaft: Darmstadt 2007, S. 195
10) Einführung in die neuere deutsche Literaturwissenschaft. Ein Arbeitsbuch, hg. v. Gutzen/ Oellers/ Petersen, Erich Schmidt: Berlin [6]1989, S. 94
11) Heinrich Lausberg, Handbuch der literarischen Rhetorik. Eine Grundlegung der Literaturwissenschaft, Steiner: Stuttgart [3]1990
12) alle Bibelzitate nach: Die Heilige Schrift des Alten und Neuen Testamentes, Verlag der Zürcher Bibel: Zürich [18]1982
13) Harald Weinrich, Textgrammatik der deutschen Sprache, Dudenverlag: Mannheim 1993, S. 472 ff.
14) a. a. O., S. 478
15) a. a. O., S. 477
16) a. a. O., S. 138

17) a. a. O., S. 785
18) Grundzüge, S. 495
19) Eduard Mörike, Sämtliche Werke, Band 1, Mundus-Verlag: o. O. 1999, S. 34
20) Kayser, S. 121 ff.
21) Rainer Maria Rilke, Werke in drei Bänden, eingeleitet von Beda Allemann, Insel: Frankfurt/ M. 1966, hier: Bd. 1, S. 298–301
22) a. a. O., Band 1, S. 127
23) a. a. O., Band 2, S. 82
24) a. a. O., Band 2, S. 185
25) rezitiert nach: Lesebuch A 9 (Gymnasium), Klett: Stuttgart 1968, S. 160
26) Schülerduden Die Literatur. Ein Sachlexikon für die Schule, hg. v. Gerhard Kwiatkowski, Bibliographisches Institut: Mannheim 1980, S. 178
27) Homer, Odyssee, verdeutscht von Thassilo von Scheffer, Dieterichsche Verlagsbuchhandlung: Leipzig 1938, S. 101 (Sammlung Dieterich Bd. 14)
28) a. a. O., S. 128
29) Schülerduden, S. 144
30) Martin Luther, Ausgewählte Schriften, hg. v. Bornkamm/ Ebeling, Band 5, Insel: Frankfurt/ M. 1982, S. 170
31) Schülerduden, S. 144
32) Die Bibel. Einheitsübersetzung der Heiligen Schrift, Altes und Neues Testament, Pattloch: Augsburg 1992, S. 250
33) a. a. O., S. 238
34) Zürcher Bibel, S. 332
35) Ein gülden ABC, aus: Matthias Claudius, Der Mond ist aufgegangen, Insel: Frankfurt/ M. 1998